Impressum
Verlag: BABADADA GmbH, Nedderfeld 112 , 22529 Hamburg
Geschäftsführer / Verlagsleitung: Harald Hof
Druck: Books on Demand GmbH, In de Tarpen 42, 22848 Norderstedt

Imprint
Publisher: BABADADA GmbH, Nedderfeld 112 , 22529 Hamburg, Germany
Managing Director / Publishing direction: Harald Hof
Print: Books on Demand GmbH, In de Tarpen 42, 22848 Norderstedt, Germany

سقف
класна кімната

پارکردن
ділити

186/2

هدوشا دبستانی
шкільний двір

تخته
дошка

ماموستا
вчитель

نفیسائدن
писати

کاخەز
папір

پیۆنۆسک
ручка

مێسە
письмовий стіл

راستەمک
лінійка

پەرتووک
книга

خوەندمکار
учень

چموال
ранець

قووتی نۆیستانی
пенал

قەلمحمر ساس
олівець

نۆیستۆک تووژکر
точило

ژێبر
гумка

نۆیسکا نیگاری
альбом для малювання

نیگار

малюнок

فرچییا رەنگێن

пензель

قووتی رەنگ

коробка фарб

مەقەس

ножиці

لەزاق

клей

پەرتووکا نۆربوون

зошит

ومزیفا مالئ

домашнє завдання

هەژمار

число

زێدەمکرن

додавати

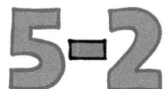

دەرخستن

віднімати

زێدەمکرن

множити

همسباندن

рахувати

تێپ

літера

ئالفابه

абетка

پەیڤ

слово

نڤیسین

текст

خواندن

читати

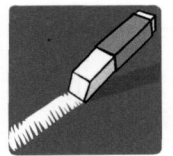

گەچ

крейда

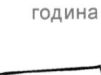

دەرس

година

قەیدکرن

класний журнал

ئیمتیهان

екзамен

شەهاده

диплом

کنجا دبستانێ

шкільна форма

پەروەردەهیی

освіта

زانستنامه

лексикон

زانینگە

університет

میکرۆسکووپ

мікроскоп

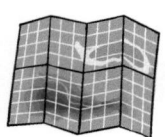

خەریتە

карта

سەپەتا کاخەزێ

кошик для паперу

подорож

مىٌؤانخانه
готель

مىٌؤانخانه
турбаза

ئوٌفىسا يهره قدگو هارتنٌى
обмінний пункт

جهمتٌه
валіза

ماشٌىن
автомобіль

زمان
мова

بهلٌئ / نا
так / ні

باش
добре

سلاڤ
привіт

وهرگئٌرا نٌؤىسكى
перекладач

سپاس
дякую

بهايئن ... چ قاسه؟

Скільки коштує ...?

نعز فام ناكم

Я не розумію

نارئنشه

проблема

نئقارباش!

Добрий вечір!

سپئدى باش!

Доброго ранку!

شهف باش!

На добраніч!

خاترئ ته

До побачення

نالى

напрямок

هوورموور

багаж

چمنته

сумка

چمنته پشت

рюкзак

مئقان

гість

نۆده

кімната

جامه خمو

спальний мішок

چادر

намет

ناگاگییەن گەرۆکان

туристична інформація

ڕەمخەی ناڤین

пляж

کارتی قەرزی

кредитна картка

تاشتێ

сніданок

فراڤین

обід

شێو

вечеря

کارت

квиток

ئاسانسۆر

ліфт

پوول

поштова марка

تخووب

межа

گومرک

митниця

بالیۆزخانە

посольство

ڤیزا

віза

پاسپۆرت

паспорт

گوهازتن

транспорт

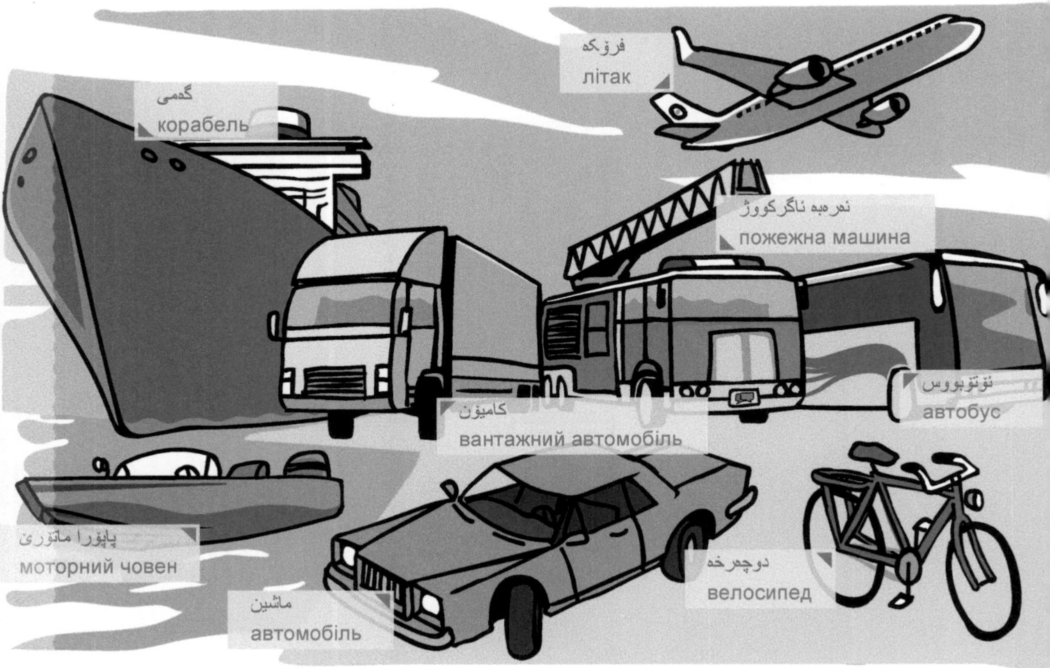
فرۆکە
літак
گەمی
корабель
ئەرەبە ئاگرکووژ
пожежна машина
ئۆتۆبووس
автобус
کامیۆن
вантажний автомобіль
پاپۆرا ماتۆری
моторний човен
دوچەرخە
велосипед
ماشین
автомобіль

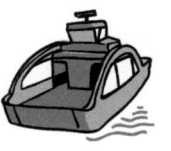

پاپۆر

пором

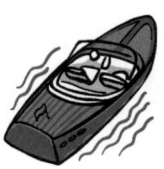

پاپۆر

човен

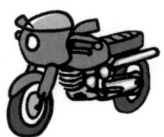

مۆتۆرسیکلێت

мотоцикл

ترمبێلا پۆلیسێ

поліцейська машина

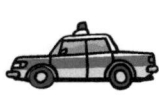

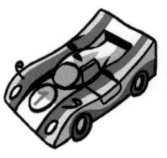

ترمبێلا پێشبازیێ

гоночний автомобіль

ئەرەبە کرێکرنێ

автомобіль на прокат

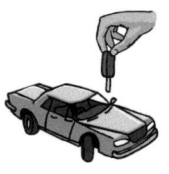

ماشین پەرڤەکرن

спільне користування авто

کامیۆنا کشاندنێ

евакуатор

کامیۆنا خولمیێ

сміттєвоз

مۆتۆرسیکلێت

двигун

مازۆت

паливо

بیستەگەهها بەنزینێ

автозаправна станція

تابلۆیا ترافیکێ

дорожній знак

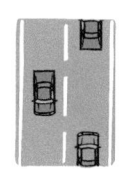

هاتنووچوون

рух

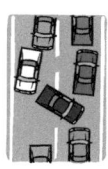

ترافیک

затор

جهێ پارکێ

стоянка

راوەستمەکا ترێنێ

вокзал

رێچ

рейки

ترێن

потяг

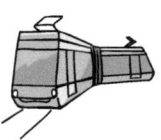

ترێنێ کۆلانی

трамвай

ڤەرمەبە

вагон

بابرۇك

گелікоптер

بالافرگمه

аеропорт

برج

вежа

مسافر

пасажир

قووتى

контейнер

قووتى

коробка

گرگرۇك

візок

سەۋەت

кошик

رابوون / نيشتن

стартувати / приземлятися

باژار

місто

گوند

село

ناڤەندا باژارئ

центр міста

خانى

дім

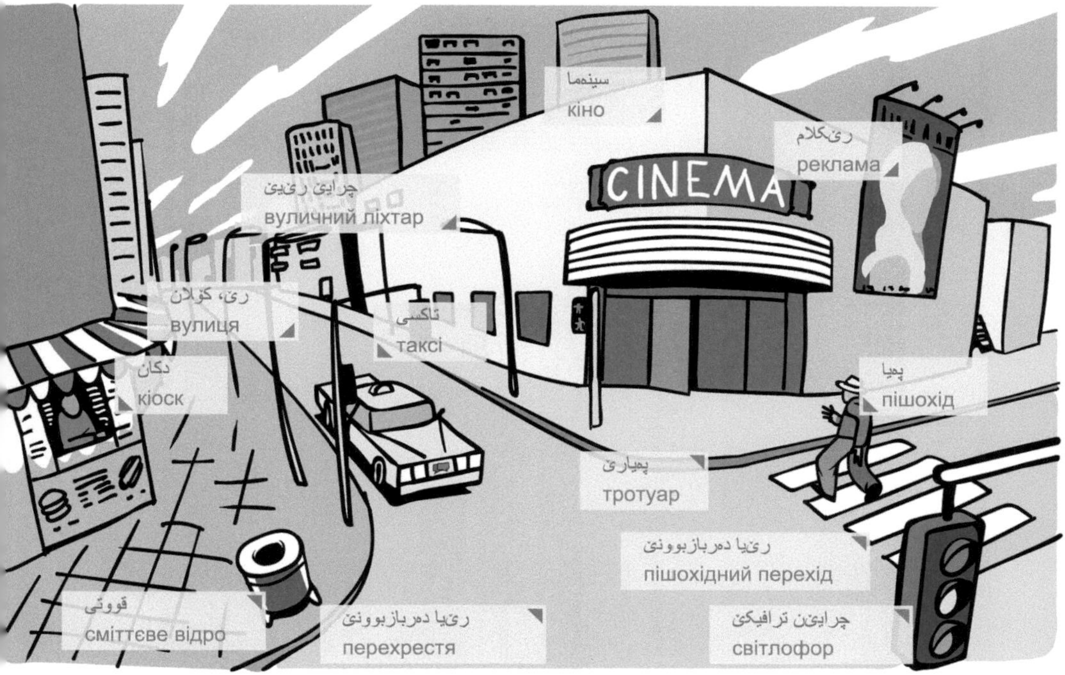

CINEMA
سینەما
кіно
ڕێکلام
реклама
چرایێ ڕێیێ
вуличний ліхтар
ڕێ، کۆلان
вулиця
تاکسی
таксі
دکان
кіоск
پەیا
пішохід
پەیارێ
тротуар
ڕێیا دەربازبوونێ
пішохідний перехід
قووتی
сміттєве відро
ڕێیا دەربازبوونێ
перехрестя
چرایێن ترافیکێ
світлофор

کۆخ

хатина

خانی

квартира

راوەستەگەها ترێنێ

вокзал

تەلارا شارەڤانی

ратуша

MUSEUM

مووزەخانە

музей

دبستان

школа

ز انینگە

....

університет

بانک

....

банк

نمخوشخانه

....

лікарня

مىئمانخانه

....

готель

دەرمانخانە

....

аптека

ئۆفىس

....

офіс

كتىبفرۇشى

....

книжковий магазин

دكان

....

магазин

گۈلفرۇش

....

квітковий магазин

بازار

....

супермаркет

بازار

....

ринок

سوپەرماركەت

....

універмаг

ماسىفرۇش

....

торговець рибою

ناقمندا كرين

....

торговельний центр

بەندەر

....

гавань

پارک

парк

سەکوو

лава

پر

міст

دەرنجە

сходи

ژێر زەمیندێ

метро

تووننێل

тунель

نیستگەها ئۆتۆبووس

автобусна зупинка

بار

бар

خوارنگەه

ресторан

سندووقا پۆستێ

поштова скринька

نیشاندەرکا رێیێ

вулична табличка

مەترا پارکینگێ

лічильник паркування

باخچا هەیوانان

зоопарк

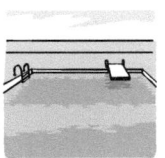

هەوزا مەلەڤانیێ

басейн

مزگەفت

мечеть

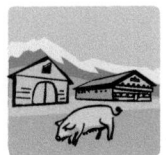

جۆتگەه

ферма

لەوتاندنا دەردۆر

забруднення навколишнього середовища

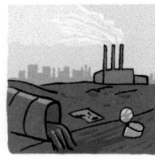

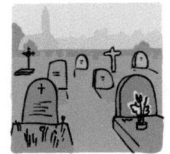

گۆرستان

кладовище

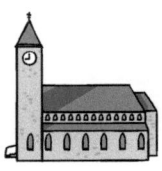

کەنیسە

церква

ئەردێ لەیستنێ

дитячий майданчик

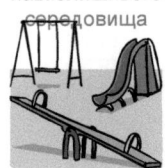

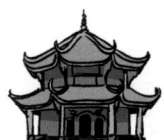

پەرستگەه

храм

تەبیەت

ландшафт

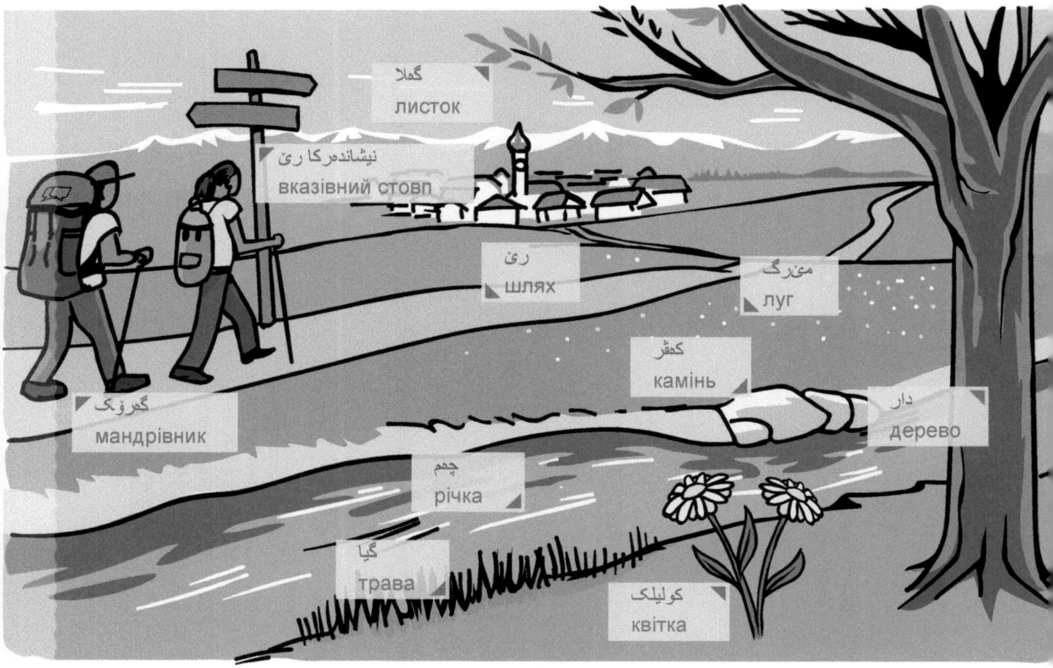

گەلا
листок
نیشاندەرکا رێ
вказівний стовп
رێ
шлях
مێرگ
луг
کەڤر
камінь
گەرۆک
мандрівник
دار
дерево
چەم
річка
گیا
трава
کولیلک
квітка

دۆل

долина

گر

гора

كۆل

озеро

دارستان

ліс

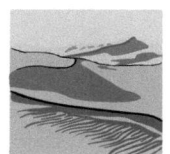

بىيابان

пустеля

ۋۇلكان

вулкан

كەلمە

замок

كەسكەسۈر

веселка

كۆمەرك

гриб

دار قەسىپ

пальма

مخمخك

комар

مىش

муха

مىڭرى

мурашка

ھنگ

бджола

پىرى

павук

كيزك

жук

بەق

жаба

سەهۆر

вивірка

ژیژۆک

їжак

كەرگوه

заєць

پەپووک

сова

چڕیک

птах

قوو

лебідь

بەرازێ كۆڤی

кабан

پەزكۆڤی

олень

پەزكۆڤی

лось

بەنداڤ

гребля

تووربینا با

вітряк

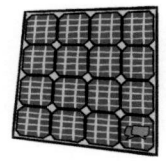

پانەلا خۆرێ

сонячний модуль

ئاڤ و هەوا

клімат

خوارنگەه

ресторан

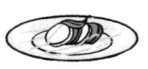

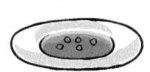

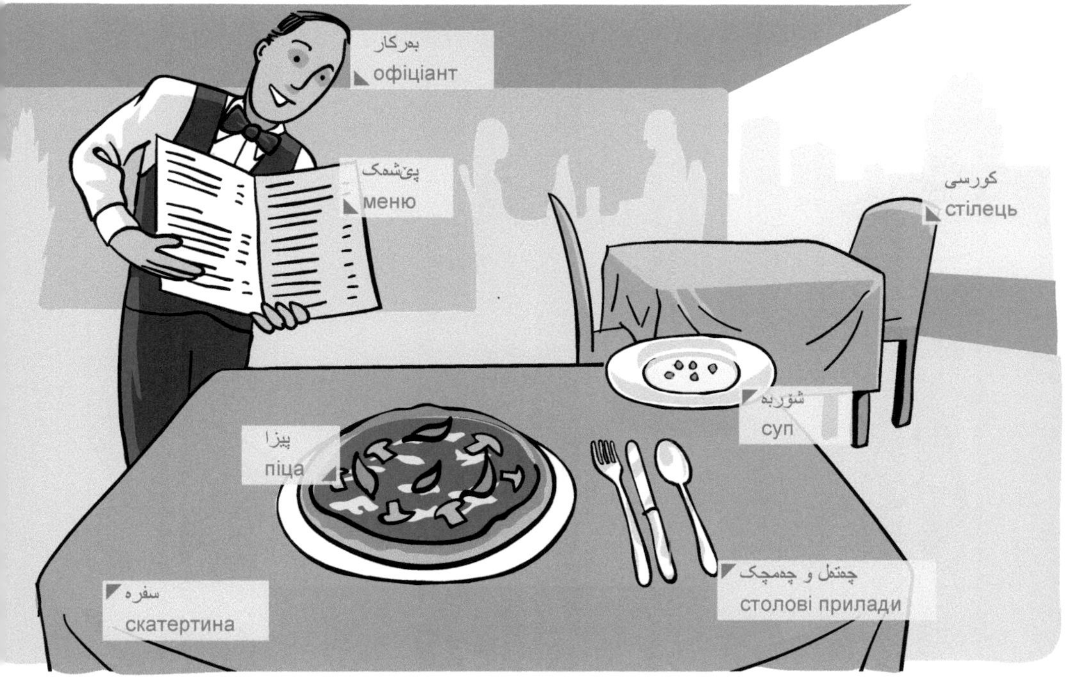
بەرکار
офіціант
پێشەک
меню
کورسی
стілець
شۆربە
суп
پیزا
піца
چەتل و چەمچک
столові прилади
سفرە
скатертина

خوارنا دەستپێک

закуска

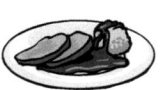

خوارنا سەرەکی

друга страва

شیرانی

десерт

ڤەخوارنان

напої

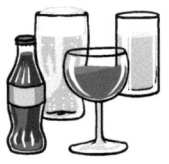

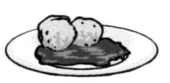

خوارن

їжа

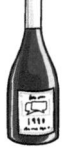

جام

пляшка

خواردنا لەز

فاست-فود

خواردنا رێیێن

вулична їжа

چایدانک

чайник

قووتی شەکرێ

цукорниця

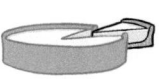

بەش

порція

مەکینا چێکرنێ ئەسپرەسسۆ

еспресо-машина

کورسیا بلیند

високий стільчик

هەساب

рахунок

سێنی

піднос

کێر

ніж

چەتەل

вилка

کەفچی

ложка

کەفچیا چای

чайна ложка

پێشگر

серветка

قەدەحە

склянка

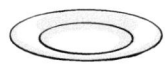

كفيفەت

تارілка

بەربۆش اكافيفەت

тарілка для супу

دالپ

блюдце

چنۇچ

соус

كانادنئوخ

солонка

رارب یتووق

млин для перцю

سنئک

оцет

نوور

масло

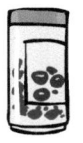 

تاراهب

спеції

چپاچتمک

кетчуп

موسراتسرد

гірчиця

زنئۆیام

майонез

بازار

супермаркет

پێشکێشێن تایبەت
пропозиція
FOR
مشتەری
клієнт
شیرەمەنی
молочні продукти
فێکی
фрукти
عەرەبە
візок для покупок

BUTCHERS

قەسابی

м'ясний магазин

BAKERY

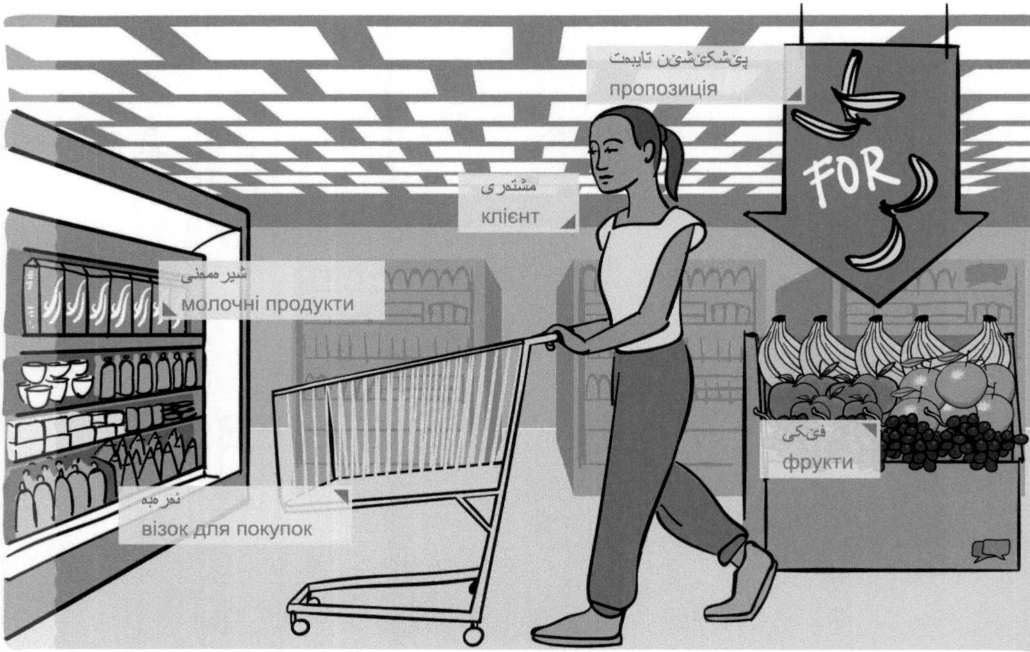

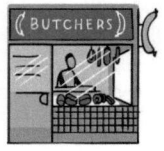

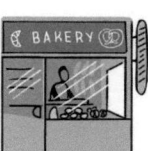

دکانا نانپێژ

пекарня

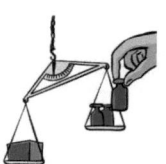

وەزن کرن

зважувати

سەبزە

овочі

گۆشت

м'ясо

خوارنێ جەمەدی

заморожені продукти

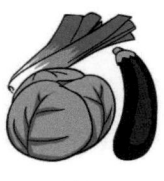

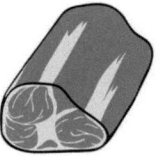

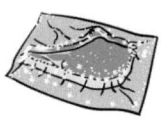

گۆشتێ سار

ковбасна нарізка

خوارنا پیلێ

консерви

خوباری پاقژکرنێ

пральний порошок

شرینی

солодощі

بەرهەمێن ناڤخومیی

предмети домашнього побуту

بەرهەمێن پاقژکرنێ

мийний засіб

فرۆشیار

продавщиця

خەزنۆک

каса

دراڤگر

касир

لیستا کرینێ

список покупок

دەمێن قەمکری

часи роботи

جزدان

гаманець

کارتێ قەرزێ

кредитна картка

چوال

сумка

چەنته

поліетиленовий пакет

ناۋ
....
вода

شەربەت
....
сік

شیر
....
молоко

كۆمر
....
кола

شەراب
....
вино

بیرا
....
пиво

نالكۆل
....
алкоголь

كاكوۆ
....
какао

چای
....
чай

قەھوە
....
кава

ئەسپرەسسوۆ
....
еспресо

كاپوۆچینوۆ
....
капучіно

مۆز

банан

سێڤ

яблуко

پرتەقاڵی

апельсин

گوندۆر

кавун

لیمۆن

лимон

گێزەر

морква

سیر

часник

قامر

бамбук

پیڤاز

цибуля

قارچک

гриб

گوێز

горішки

شهیره

локшина

سپاگێتتى

спагеті

برنج

рис

سەلەتە

салат

چيپس

картопля фрі

پەتەتەياى براشتى

смажена картопля

پيتزا

піца

هامبورگەر

гамбургер

نانۆك

бутерброд

گۆشتێ ستووىێ بەرخى

шніцель

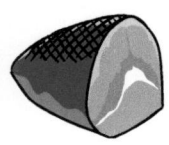

گۆشتێ هشككرى

шинка

سالامى

салямі

سۆوسيس

ковбаса

مريشك

курка

بژارتن

печеня

ماسى

риба

شۆربە بلوول

вівсяні пластівці

مووسلی

мюслі

كەرتەن گلگلان

кукурудзяні пластівці

دارد نان

борошно

جرۆسسانت

круасан

سەمەوون

булочка

نان

хліб

تۆست

тостовий хліб

نانک

печиво

نئشک

масло

ماست

сир

كوليچە

пиріг

هەنک

яйце

هەنکا قەملاندى

яєчня

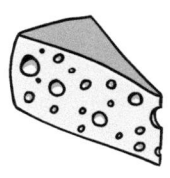

پەنیر

сир

دۆندرمە
....
морозиво

شەكەر
....
цукор

ھەنگۈ
....
мед

مرەبا
....
мармелад

خامىيا نۆوگات
....
нуга-крем

كورى
....
карі

خانىا چمولگا
сільський будинок

كادىن
комора

تېمىكا پووشنى
солом'яні тюки

زەڧى
поле

ھەسپ
кінь

كاروان
причіп

تراكتور
трактор

جاتى
лоша

كەر
віслюк

بەران
вівця

بەرخ
ягня

بزن

коза

چىٴلەك

корова

گۇزەك

теля

بەراز

свиня

خنزىرك

порося

بۇخە

бик

قاز

гусак

مراڧى

качка

جووچك

курча

مريشك

курка

كەلەشىڭر

півень

جرج

щур

كەتك

кіт

مشك

миша

گا

віл

كووچك

собака

خانيا كووچكى

собача будка

خانى باخنى

садовий шланг

قووتيكا ناڧدانى

лійка

شالووك

коса

گاسن

плуг

جۆتگەھ - ферма

داس

серп

بێڵۆمەر

мотика

کێسارداد

вила

بقر

сокира

دەستگەرە

тачка

قووتی خوارنا جانداران

корито

قووتی شیر

бідон молока

توور

мішок

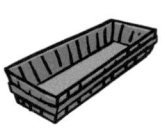

چەپەر

паркан

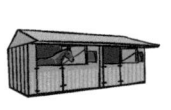

ناخور

хлів

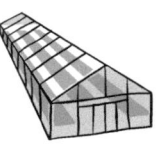

خانا کولیلکان

теплиця

ناخ

ґрунт

دەندک

насіння

پەین

добриво

کۆمباین

комбайн

ز ا د
....
пожинати

ز ا د
....
урожай

پەتەتە
....
корінь ямсу

گەنم
....
пшениця

فاسۆلی
....
соя

پەتەتە
....
картопля

دەخل
....
кукурудза

دندک
....
ріпак

داری فێکی
....
плодове дерево

سیڤی بن ئەردی
....
маніок

ز ا د
....
злаки

خانه‌ی
дім

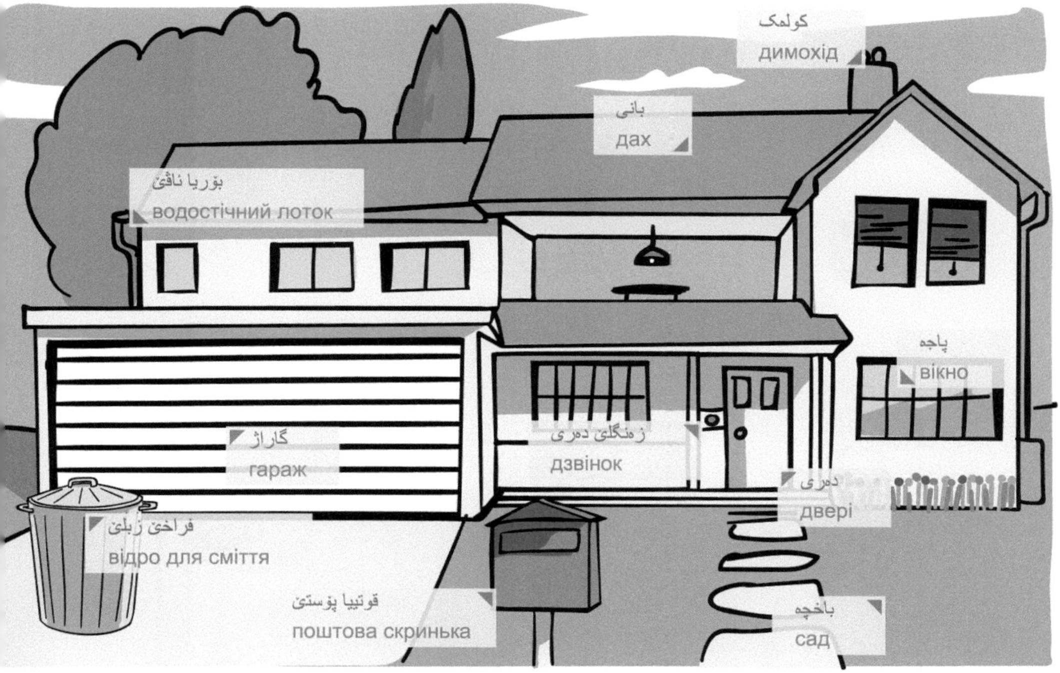

كولمك
димохід

بانی
дах

بۆریا ناڤئ
водостічний лоток

پاجه
вікно

گاراژ
гараж

زمنگلئ دەرى
дзвінок

دەرى
двері

فراخئ زبلئ
відро для сміття

قوتیا پۆستئ
поштова скринька

باخجه
сад

نۆدا روونشتنئ

вітальня

همام

ванна кімната

مەتبەخ

кухня

نۆدا خەوئ

спальня

نۆدمیا زارۆک

дитяча кімната

نۆدا شیڤئ

їдальня

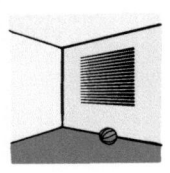

بنى

....

підлога

ديوار

....

стіна

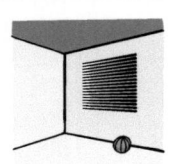

بەربان

....

стеля

خەنزک

....

підвал

ساونا

....

сауна

بالكۆن

....

балкон

بەردانک

....

тераса

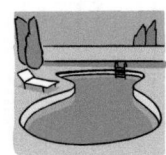

هەوزا مەلەڤانى

....

басейн

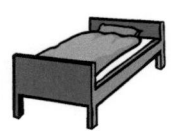

چيمەن بڕ

....

косарка

مەلەهەفە

....

простирало

بەتانى

....

ковдра

نڤين

....

ліжко

گەزک

....

мітла

ساتل

....

відро

كليل

....

перемикач

ئۆدا روونشتنێ

вітальня

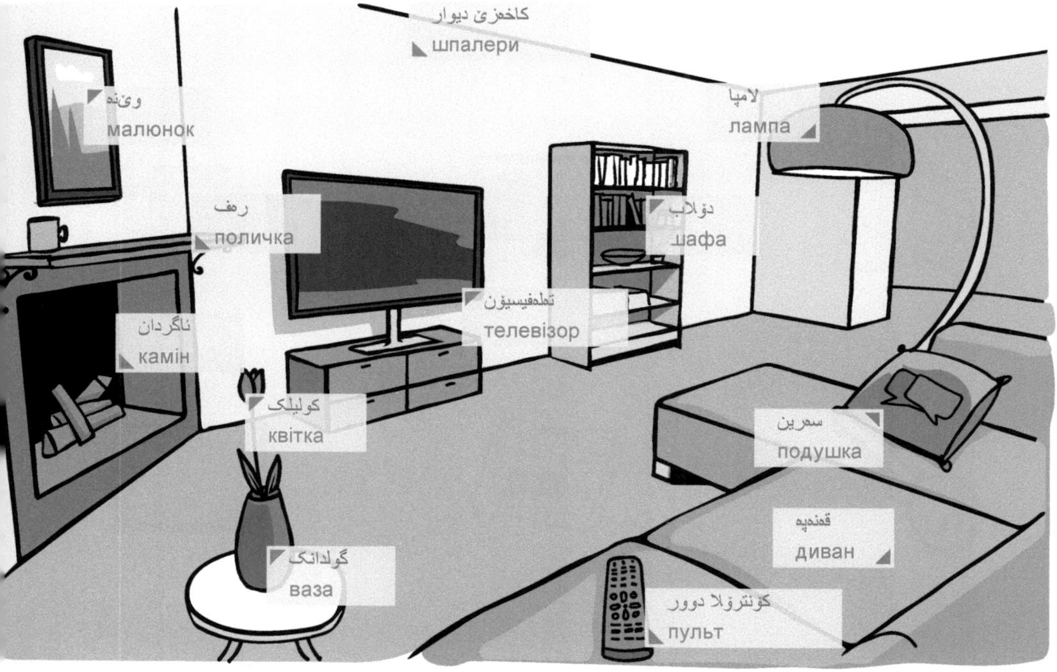
کاخەزێ دیوار
шпалери
وێنە
малюнок
لامپا
лампа
رەف
поличка
دۆلاب
шафа
تەلەفیسیۆن
телевізор
ئاگردان
камін
کولیلک
квітка
سەرین
подушка
قەنەپە
диван
گولدانک
ваза
کۆنترۆلا دوور
пульт

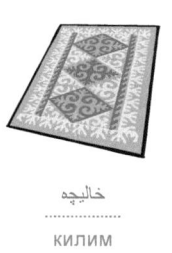

خالیچە

килим

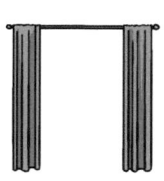

پەردە

завіса

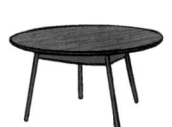

مێز

стіл

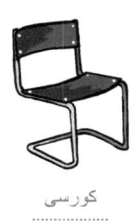

کورسی

стілець

کورسیا هەژانۆک

крісло-гойдалка

کورسی

крісло

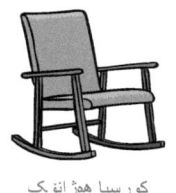

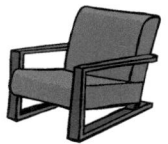

پرتووك

книга

بهتانى

ковдра

خەملاندىن

прикраса

ئوتزنگ

дрова

فيلم

фільм

هـف

стереосистема

كليل

ключ

رۆژنامه

газета

نيگار

картина

پۆستەر

плакат

راديۆ

радіо

دەفتەر

блокнот

سقنكا ئەلمكترىكى

пилосос

كاكتووس

кактус

مۆم

свічка

مۇزلاتقۇچ
холодильник

مايكرۇ قۇيۇش
мікрохвильова піч

تەرازيا مەتبەخى
кухонні ваги

ئاموورا نان گەرمكرنئ
тостер

پاگژ كەر
мийний засіб

سۆبە
піч

سارۇكەر
морозильне відділення

فراخئ زبلئ
відро для сміття

فراقشوك
посудомийна машина

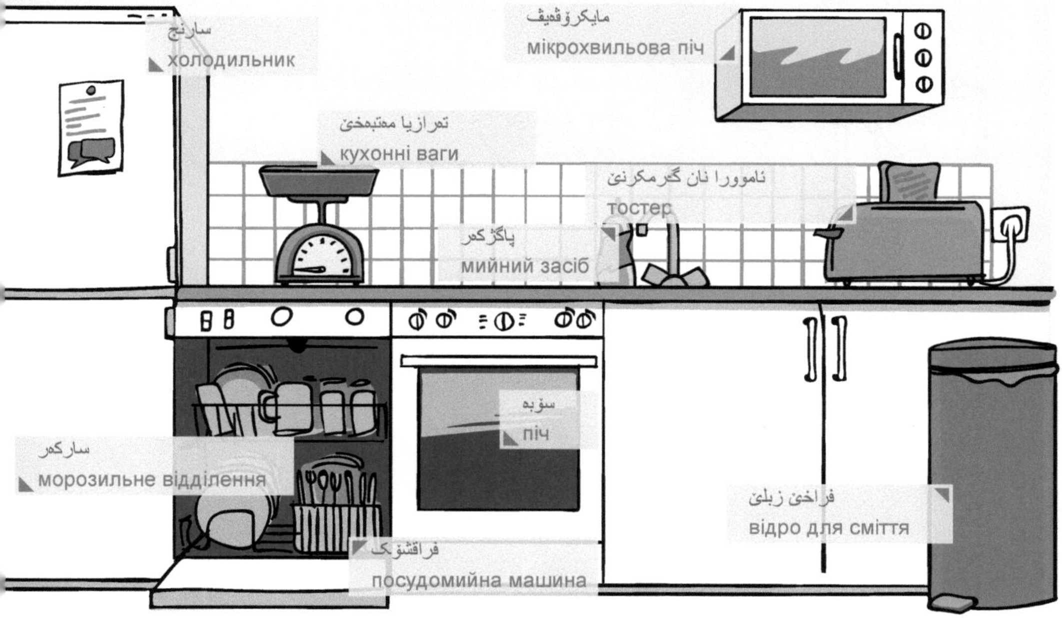

سۆبە
....
плита

نامان
....
горщик

ناماى ئووتوو
....
чавунний горщик

فراقئ مەزن
....
вок / кадай

ديزك
....
сковорода

كەلبينك
....
чайник

فراقى هلمئ

پاروارکا

سىٸنى نانٸ

лист

فراق

посуд

پیاله

кухоль

کاسک

чаша

دارى نانخوارن

палички для їжі

هسک

черпак

کەفچیا ممزن

лопатка

رینمک

вінчик для збивання

کەفگیر

сито

بىٸژنگ

сито

رىٸشکەر

терка

دەستار

ступка

براشتن

барбекю

ناگرئ ڤالا

багаття

تەمحتەب برینێ

дошка

داركێ تێرینێ

качалка

کەدەب كفُدە

штопор

قووتی

конзерва

کرمقفتیوو

відкривачка

جاوى نامانان

прихватки

دەمسشتنو

раковина

فرچ

щітка

ئوازارپا

губка

تەفڪدێر

міксер

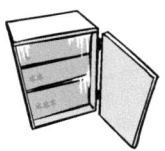

ساركەرێ جەمەدى

морозильна камера

شووشە بەبكان

дитяча пляшка

ھەنەفى

кран

ванна кімната

گرماژ انک
опалення

خاولی
рушник

دووش
душ

کفڤی هممام
пініста ванна

پهردهٔا هممامئ
душова завіса

هموزا هممام
ванна

قهدهه
склянка

جلشوٚک
пральна машина

ناجوور
плитка

هٔهنهفی
кран

توالٔهتا زاروٚکان
горшок

دهستشوٚ
раковина

توالٔهت
туалет

توالٔهتا ئهردنی
підлоговий туалет

توالٔهت
біде

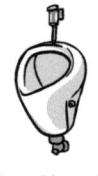

ئافدهستخانا مئٚران
пісуар

کاخهزا توالٔهت
туалетний папір

فرشهیا توالٔهت
щітка для туалету

فرچيا دران

زубна щітка

ممجوونا دران

зубна паста

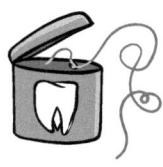

نمخا ددان

нитка для чищення зубів

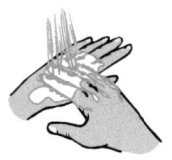

شووشتن

мити

دووشئ دستئ

ручний душ

دووش

інтимний душ

دستشۆ

таз

فرچا پشت

щітка для спини

سابوون

мило

جۆلئ هممام

гель для душу

شاميۆ

шампунь

فانيله

мочалка

زىراب

водостік

كرىم

крем

بىهن خوشكر

дезодорант

مرێک

дзеркало

مرێکا دەستێ

косметичне дзеркало

گووزان

бритва

کەفێ تەراشینێ

піна для гоління

مەجوونا پشتی تەراشینێ

лосьйон після гоління

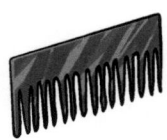

شەه

гребінь

فرچە

щітка

پۆر هیشککەر

фен

سپرایا پۆرێ

лак для волосся

کۆزمەتیک

косметика

سۆرافک

губна помада

رەنگێ نینۆک

лак для нігтів

پەمبوو

вата

مەقسستا نینۆک

ножиці для нігтів

پارفووم

парфум

چەواڵێ هەمامێ

косметичка

کورسیا بێپشت

табурет

تەرازی

ваги

کنجا هەمامێ

халат

لمپکا لاستیکێ

гумові рукавички

تامپۆن

тампон

خاولیا پاقژکرنێ

гігієнічні прокладки

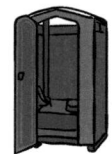

توالەتا کیمیەوی

біотуалет

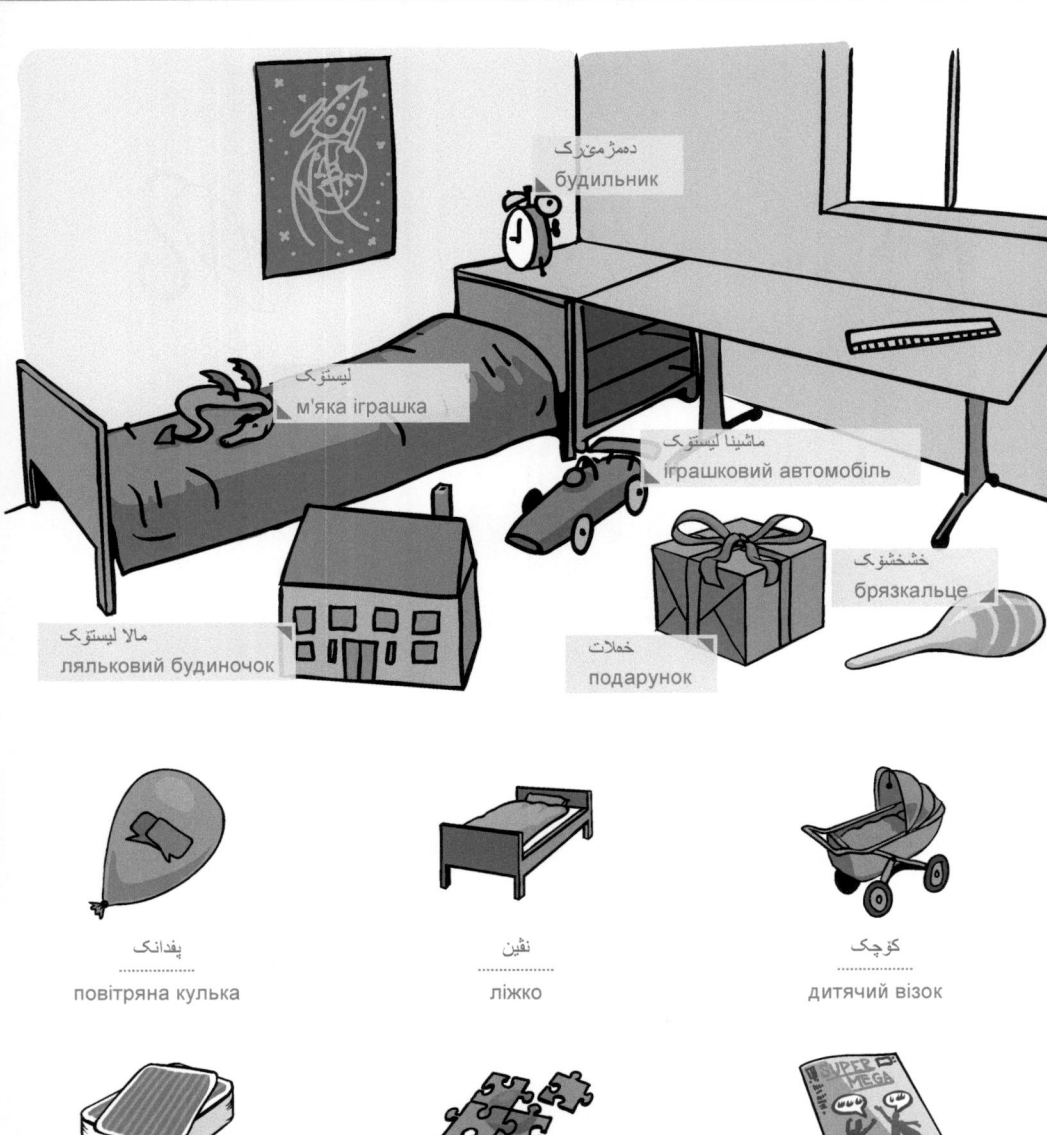

دەمژموتزرك
будильник

لىستوك
м'яка іграшка

ماشىنا لىستوك
іграшковий автомобіль

خشخشوك
брязкальце

مالا لىستوك
ляльковий будиночок

خەلات
подарунок

پفدانك
повітряна кулька

نقىن
ліжко

كۆچك
дитячий візок

لىستكا كارتى
картярська гра

فرىزبى
пазл

كۆمىك
комікс

ناجوورا لێگۆ

لego цеглинки

ناجوورا لیستۆک

блоки

بووکه شووشه

іграшкова фігурка

کنجا بهبکان

повзунки

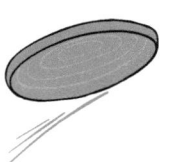

فرزبێ

фризбі

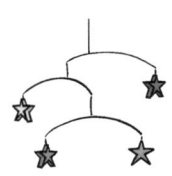

فهگۆ همستن

мобіле

لیستکێن تمختە

настільна гра

مۆر

кубик

مۆدێلا ترێنێن

модель залізнична станція

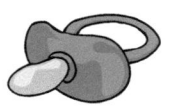

مهمک

соска

جەژن

вечірка

کتێبا وێنه

книжка з картинками

تۆپ

м'яч

بووکه شووشه

лялька

لهیستن

грати

ئۆدهیا زارۆک - дитяча кімната

كونا خيزئ

پісочниця

جۆلانه

гойдалка

ليستۆكان

іграшка

ليستكا ڤيدەوىی

гральна консоль

سێچەرخە

триколісний велосипед

هەرچا ليستۆک

плюшевий мішка

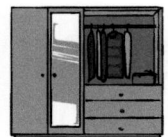

جلدانک

шафа

ОДЯГ

گۆرە

шкарпетки

گۆرە

панчохи

دەرپێگۆرێ

колготки

شال
шарф

چەتر
парасоля

كراس
футболка

قايش
ремінь

سۆلكئ ناڧ مالئ
домашнє взуття

شمكال
чоботи

سۆلك
кросівки

سۆلك
сандалі

سۆل
взуття

پۆتینا چەرمئ
гумові чоботи

پانتولئ ژئر
труси

پئسیربەند
бюстгальтер

چمكبەند
нижня сорочка

جمندمک

боді

پانتول

штани

ژمانس

джинси

دامان

спідниця

كراس

блузка

كراس

сорочка

فانئله

пуловер

فانئله

светр

جاكئت

піджак

ساكؤ

куртка

چاكت

пальто

بارانى

дощовик

لمباس

костюм

فیستان

сукня

جلئ داوەتئ

весільна сукня

چاكيت

костюм

پێجامەد

нічна сорочка

پێجامەد

піжама

سارێ

сарі

لەمچك

головна хустка

مێزەر

чалма

ھەڕام

бурка

كافتان

кафтан

نبا

абая

كنجا ناژنێنكرن

купальник

جلكا مەلەڤانێ

плавки

شۆرت

шорти

جلا ھەڤفڕژكارى

тренувальний костюм

پێشمال

фартух

لەپك

рукавички

دووگمه
گودزیک

بەرچاڤک
окуляри

بازن
браслет

گەردنی
ланцюг

گوستیل
кільце

گوهارک
сережка

دەڤک
шапка

هلاڤستمک
плічка

کووم
капелюх

کراوات
краватка

زیپ
застібка-блискавка

سەرپاریز
шолом

دەرزی
підтяжки

کنجا دبستانی
шкільна форма

یوونیفۆرم
уніформа

بەردلك
....
нагрудник

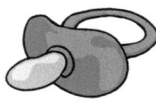

مممك
....
соска

پوونداخ
....
підгузок

پیٚشكمشكگر
сервер

دوّلابىن بەلگە
шаф для документів

چاپمر
принтер

نيشاندەمر
монітор

كاخمز
папір

مشك
миша

ماسه
письмовий стіл

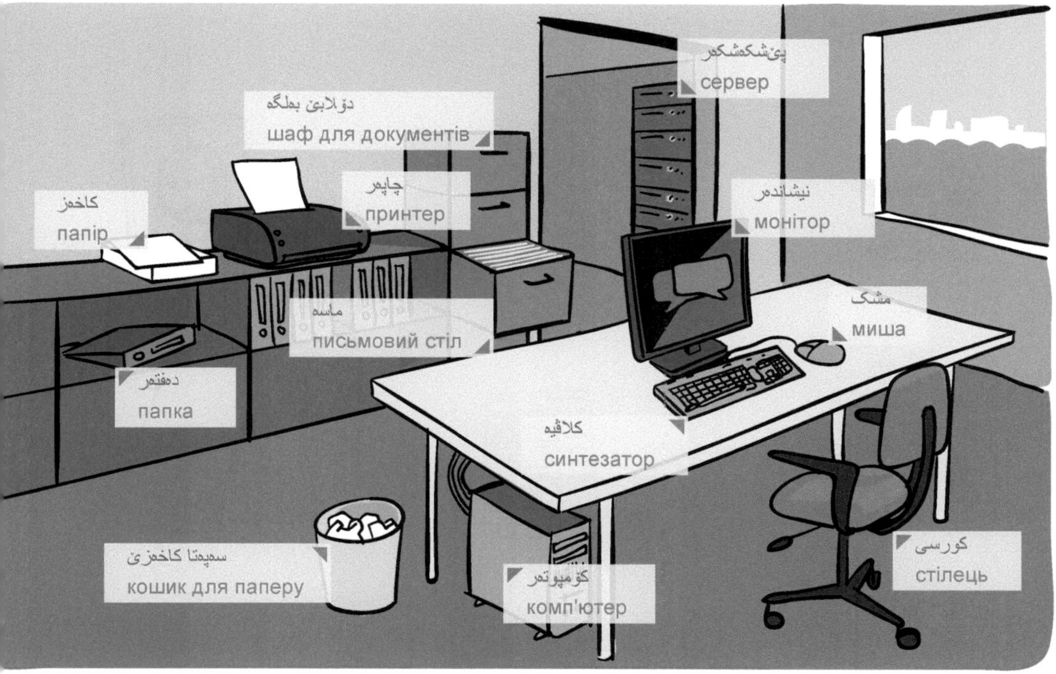

دەفتەمر
папка

كلافىه
синтезатор

سەپىمتا كاخمزىٚ
кошик для паперу

كۆمپیوتەمر
комп'ютер

كورسىى
стілець

كاسكا قدهوه
....
кавовий кухоль

هەسابكەر
....
калькулятор

ئىنتەرنەت
....
інтернет

كۆمپيوتېرا لاپتوپ

ноутбук

نامە

лист

پەيام

повідомлення

تېلېفۆنا مۆبيل

мобільний телефон

تور

мережа

مەكينا فۆتۆكۆپيى

копіювальний пристрій

سۆفتوارە

програмне забезпечення

تېلېفۆن

телефон

سۆجكەتا فيشەك

розетка

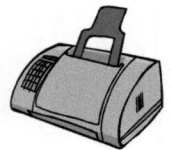

مەكينا فاخئ

факс

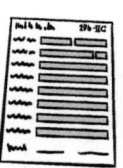

فۆرم

бланк

بەلگە

документ

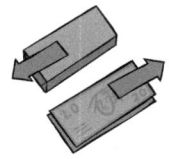

كرين

купувати

پەرە داد نان

платити

بازرگانى

торгувати

پەرە

гроші

دۇللار

долар

يۇرو

євро

يەننى ژاپونى

ієна

رۇبلى رووسى

рубль

فرانكى سويسى

франк

يۇانى چىنى

юанів женьміньбі

رووپىئ ھندى

рупія

فارا مبوخرژ ماكىنىسى

банкомат

تۆۋسىا پىرە قەگو ھارتتىڭ

обмінний пункт

زېر

золото

زىڭ

срібло

نەقت

нафта

وزە

енергія

بها

ціна

پەيمان

контракт

خاتاج

податок

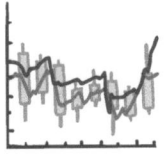

سەمھام

акція

كاركرن

працювати

كاركەر

працівник

كاردا

роботодавець

فابرىكا

фабрика

دكان

магазин

پرۆفەسیۆن
професії

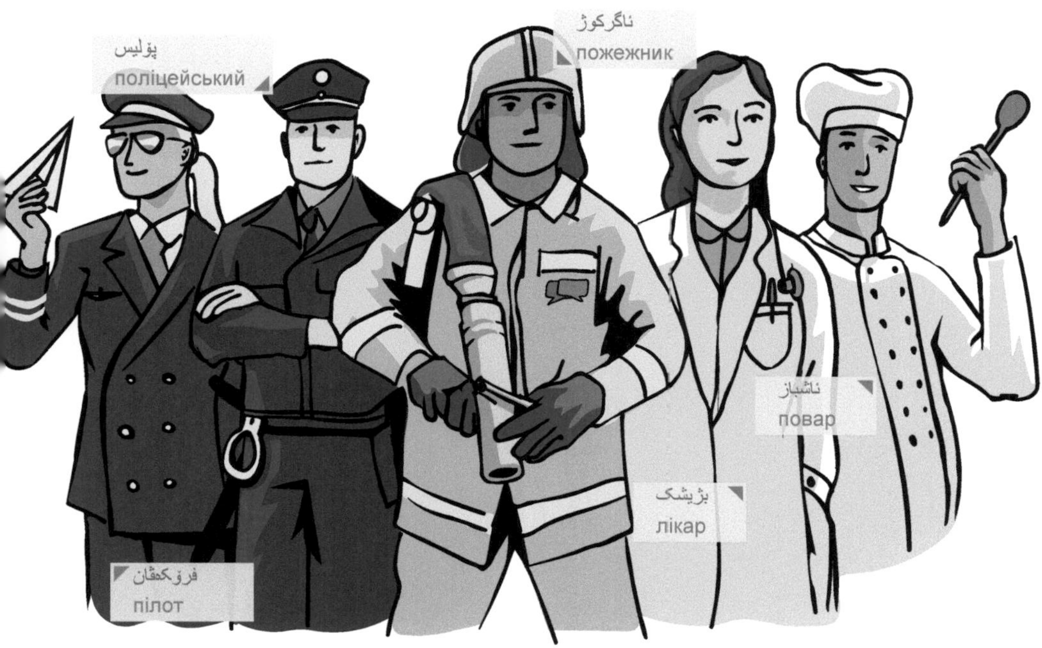
پۆلیس
поліцейський
ئاگرکوژ
пожежник
ئاشباز
повар
بژیشک
лікар
فرۆکەڤان
пілот

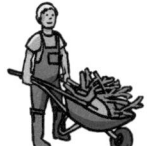

باخچەڤان
....
садівник

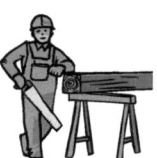

نەجار
....
столяр

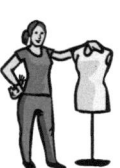

دروونڤان
....
швачка

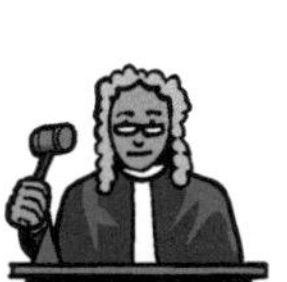

هاکم
....
суддя

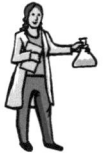

شیمیازان
....
хімік

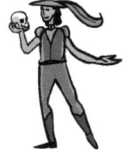

شانۆگەر
....
актор

شوفېرى باسى

водій автобуса

شوفېرمكى تاكسىى

таксист

ماسىڨان

рибалка

پاگژكەر

прибиральниця

چېكرى بانى

покрівельник

بەركار

офіціант

نېچرڨان

мисливець

رەنگرېس

художник

نانپېژ

пекар

كارەباڨان

електрик

ناڨاكەر

будівельник

ئەنندەزىار

інженер

قەساب

забійник

لوولەمكار

бляхар

پۆستەڨان

листоноша

نمسكەر

солдат

مىمار

архітектор

دراڧگر

касир

فرۆتكارا چىچەكان

флорист

پۆرچىكەر

перукар

ناژۆڧان

кондуктор

مەكانيك

механік

كەشتيڤان

капітан

پزيشكا ددانان

дантист

زانستيار

вчений

رووهان

рабин

ئيمام

імам

كەشە

монах

كەشيش

пастор

ئامووران

інструменти

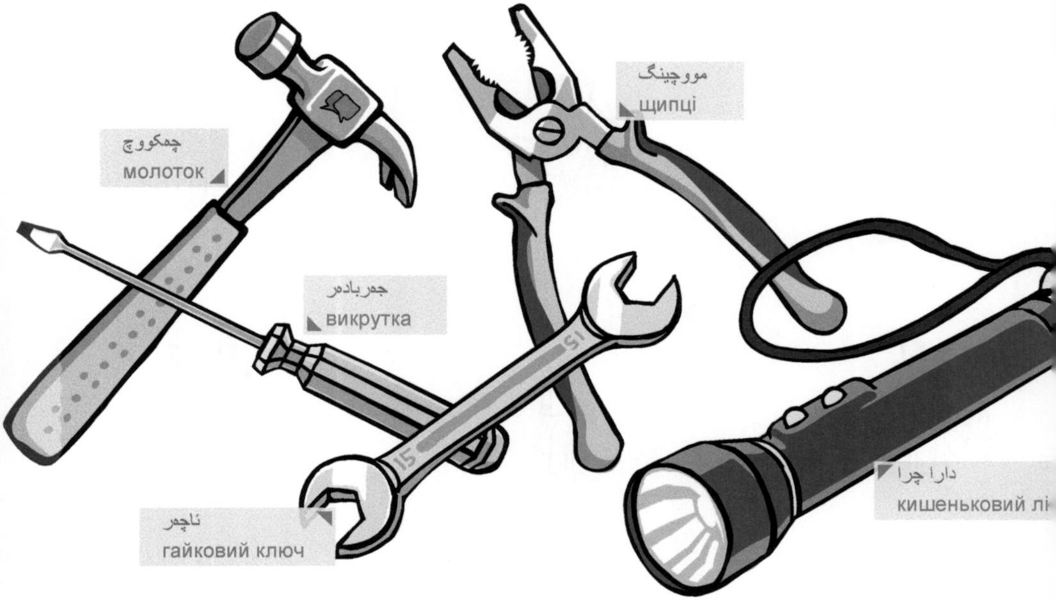
مووچینگ
щипці
چەکووچ
молоток
جەربادەر
викрутка
دارا چرا
кишеньковий лі
ئاچەر
гайковий ключ

شۆفەل

екскаватор

قووتیا ئامووران

ящик для інструментів

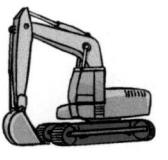

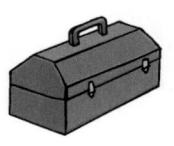

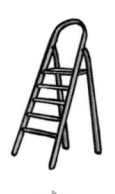

پەیژە

драбина

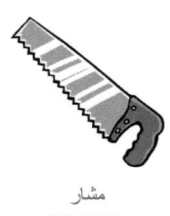

مشار

пилка

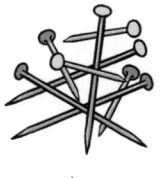

میخ

цвяхи

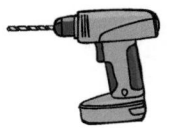

قولکرن

свердло

چاککرن

ремонтувати

مەربێز

лопата

نالەت!

лайно!

بێڵ

совок

قووتیا ڕەنگێ

відро з фарбою

جعر

гвинти

ئامووریێن مووزیکێ

музичні інструменти

بلیندگۆ
динамік

کۆمێ دەهۆل
ударна установка

گیتار
гітара

جۆرهیا گیتار
контрабас

زوڕنا
труба

پیانۆ

فортепіано

ڤیۆلین

скрипка

باس

бас

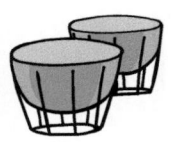

دەهۆل

литаври

داهۆل

барабан

کەیبۆارد

клавіатура

ساکسۆفۆن

саксофон

بلوور

флейта

میکرۆفۆن

мікрофон

باخچا هەیوانان

зоопарк

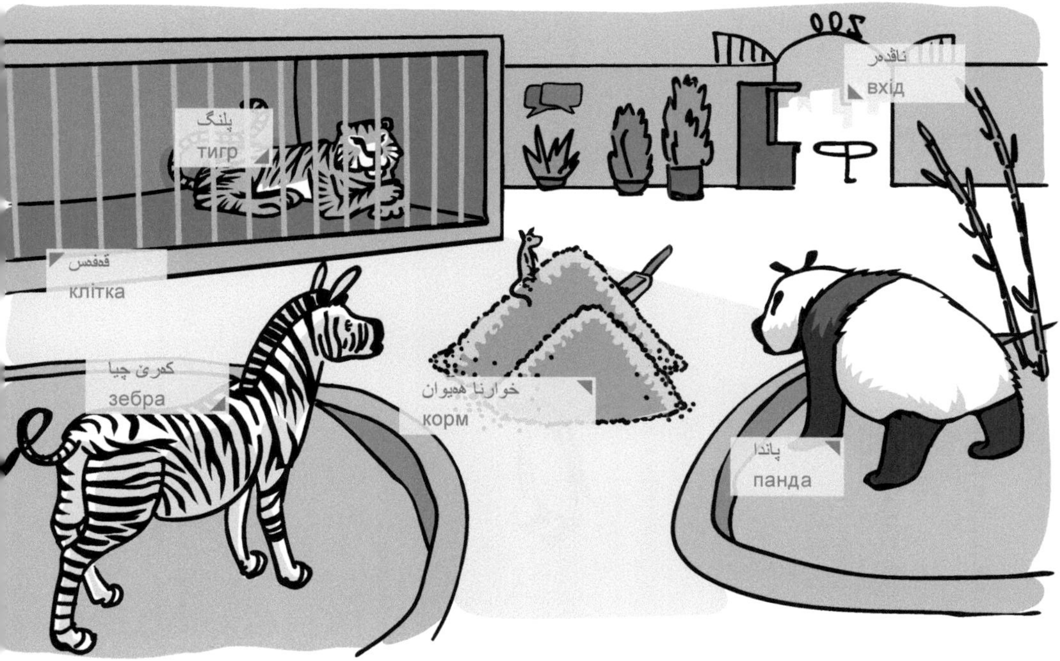
پلنگ
тигр
قەفەس
клітка
کەرێ چیا
зебра
خوارنا هەیوان
корм
ناڤدەر
вхід
پاندا
панда

هەیوان

тварини

فیل

слон

کانگاروو

кенгуру

کەرکەدەن

носоріг

گۆریل

горила

هرچ

ведмідь

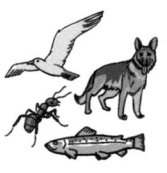

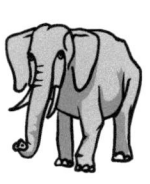

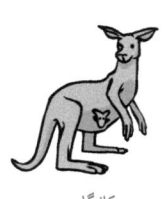

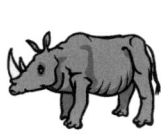

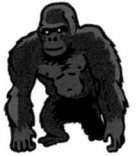

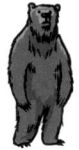

هۆیشتر
....
верблюд

هۆیشترمه
....
страус

شێر
....
лев

مەیموون
....
мавпа

فلامینگۆ
....
фламінго

پاپاخان
....
папуга

هرچا جەممسەری
....
білий ведмідь

پەنگوین
....
пінгвін

سەماسی
....
акула

تاوووس
....
павич

مار
....
змія

تمساه
....
крокодил

پارێزەرا باخچا ئاژەلان
....
працівник зоопарку

سەیا دەریا
....
тюлень

پلنگ
....
ягуар

هەسپ

پونі

پلنگ

леопард

هەسپیئ رووبار

гіпопотам

جانەوىشتر

жираф

هەلۆ

орел

بەرازىٔ كۆڤى

кабан

ماسى

риба

كووسى

черепаха

والرام

морж

رۆڤى

лисиця

خەزال

газель

فووتبۆلئ نامەریکا
американський футбол

بیسکلیتران
їзда на велосипеді

تەننیس
теніс

باسکێتبۆل
баскетбол

ئافرۆ مەنیکرن
плавання

بۆخنگ
бокс

هۆکەیا سەر جەمەدێ
хокей

فووتبۆل
футбол

بادمنتۆن
бадмінтон

یئ ناتلەتیزمئ
легка атлетика

هەندبۆل
гандбол

بەفرازۆتن
лижні перегони

پۆلۆ
поло

چالاکیان

дії

هلپەکە
стрибати
هەمبێز
обіймати
کەنین
сміятися
بڕێڤەچوون
йти
لاوژە گوتن
співати
خەون دیتن
мріяти
نمێژ کرن
молитися
ماچکرن
цілувати

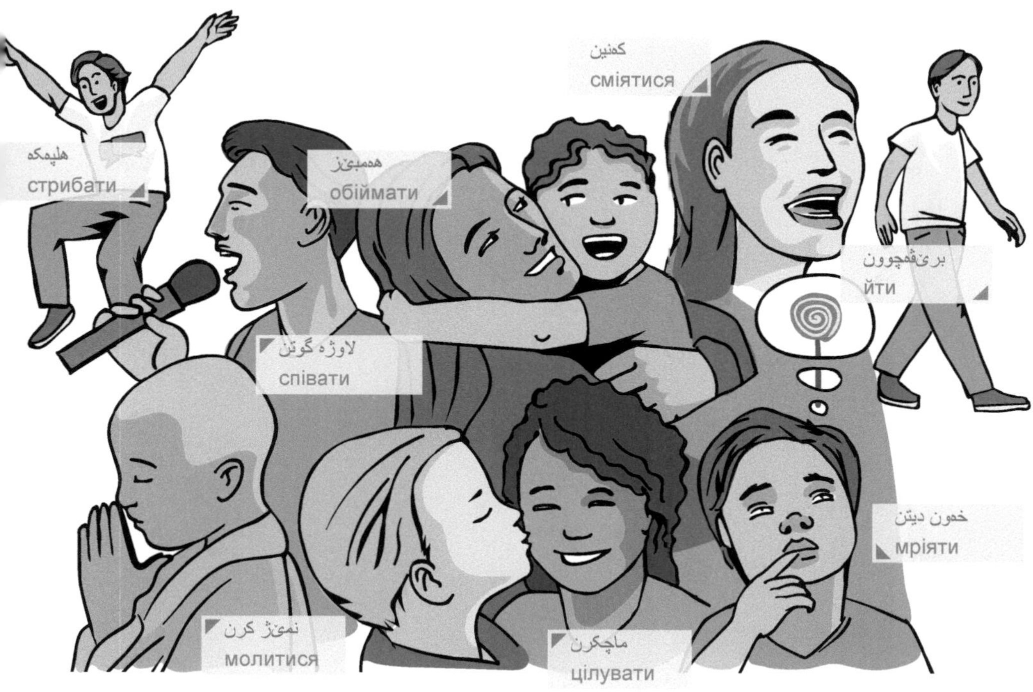

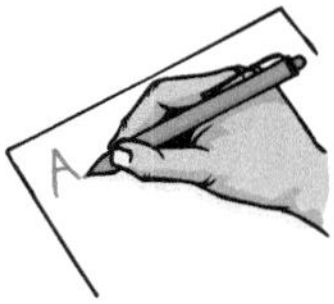

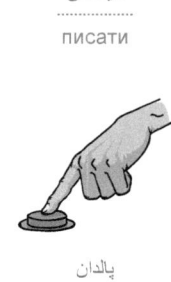

نڤیساندن

писати

نیگار کێشان

малювати

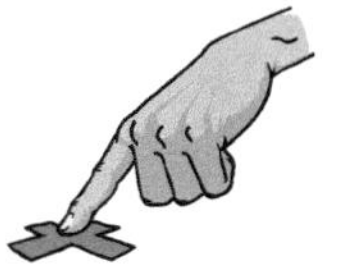

نیشان دان

показувати

پالدان

тиснути

داین

давати

راکرن

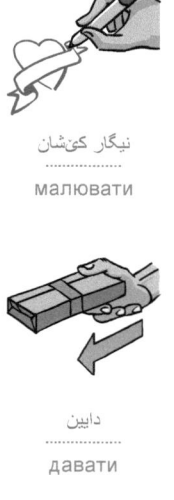

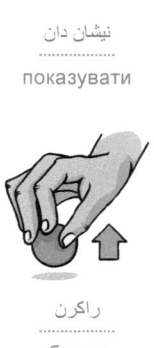

брати

همبين

مати

کرن

робити

بوون

бути

سمکنین

стояти

بازدان

бігати

کشاندن

тягнути

ناڤوزتن

кидати

کەتن

падати

دەرمو کرن

лежати

سمکنین

очікувати

گوهەزتن

носити

روونشتن

сидіти

جل بەرکرن

одягати

رازان

спати

رابوون

просипатися

مۆزه كرن

дивитися

گرين

плакати

جملته

гладити

شه كرن

розчісувати

پمیشین

розмовляти

فامكرن

розуміти

پرسكرن

питати

بهیستن

слухати

قمخوارن

пити

خوارن

їсти

كۆم كرن

прибирати

هەزكرن

любити

خوارن چێكرن

варити

ناژوتن

їхати

فرين

літати

کشتیرانی

йти під вітрилом

همسباندن

рахувати

خواندن

читати

هینبوون

вчитися

کارکرن

працювати

زهوجین

одружуватися

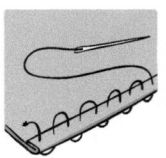

درووتن

шити

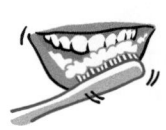

ددان شووتن

чистити зуби

کوشتن

убивати

دووخان

курити

شاندن

посилати

داپیر
بابуся

باپیر
دідуся

باٻ
батько

دئ
мати

بهبهك
немовля

كمچ
донька

كور
син

مېڅمان
ГІСТЬ

مهت
тітка

ناپا/خال
дядько

يرا
брат

خوشل
сестра

تمنى
چولо

چاپ
око

روو
обличчя

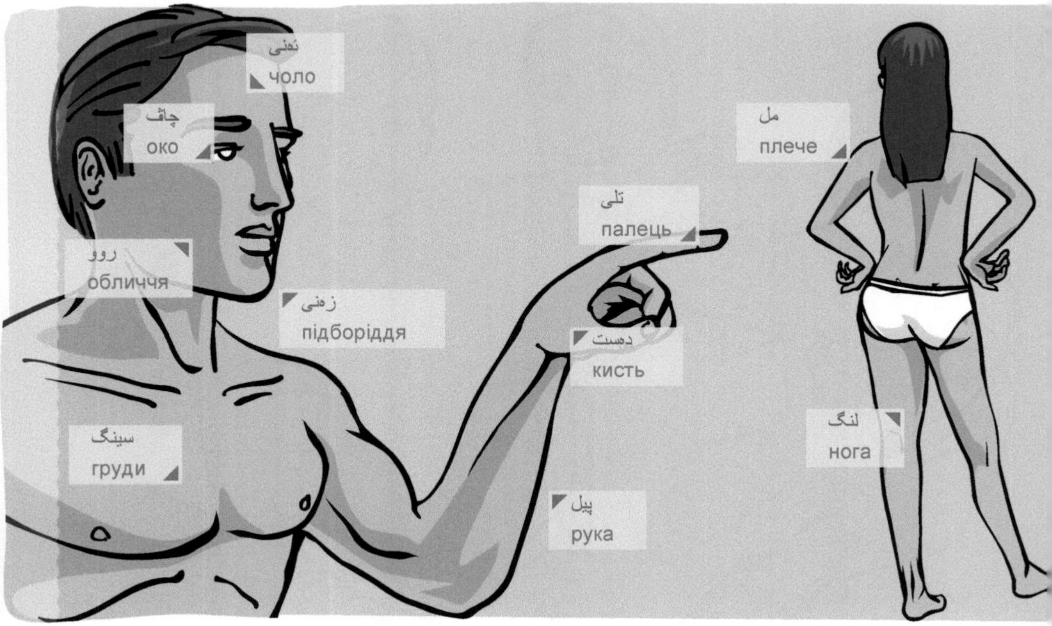

زمنى
підборіддя

سینگ
груди

تلى
палець

دست
кисть

پیل
рука

مل
плече

لنگ
нога

بهبهک
....
немовля

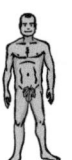

مېر
....
чоловік

ژن
....
жінка

کمچ
....
дівчина

کۆر
....
хлопчик

سهر
....
голова

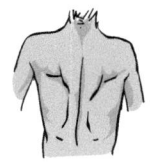

پشت

спина

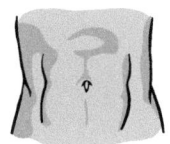

زک

живіт

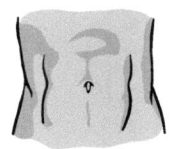

ناف‌ک

пуп

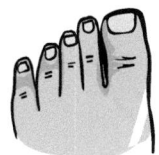

تلیا پن‌ی

палець ноги

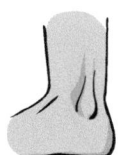

پانی

п'ята

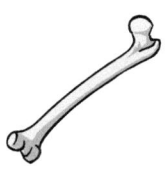

هستی

кістка

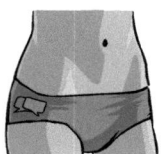

کوولیمک

стегно

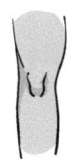

ژوونی

коліно

نمنیشک

лікоть

دفن

ніс

قوون

сідниці

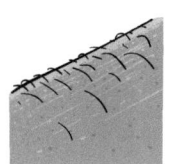

چرم

шкіра

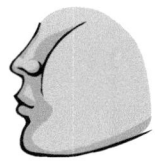

روو

щока

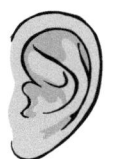

گوه

вухо

لئ‌ف

губа

دەف

рот

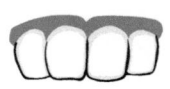

دران

зуб

زمان

язик

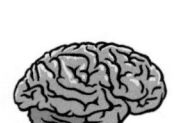

مێژی

мозок

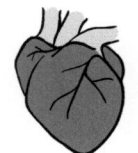

دل

серце

ماسوول

м'яз

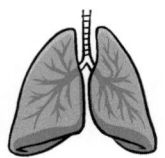

جیگەرا سپی

легені

جگەر

печінка

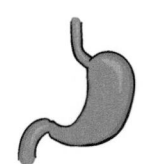

ماده

шлунок

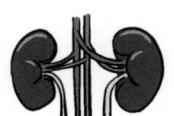

گورچکان

нирки

جۆتبوون

статевий акт

کۆندۆم

презерватив

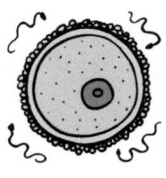

هێنک

яйцеклітина

تۆڤ

сперма

دووجانی

вагітність

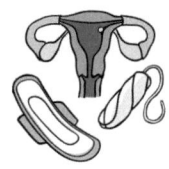

ناده

менструація

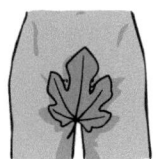

زووق

вагіна

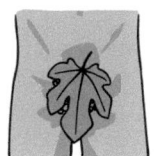

كير

пеніс

بروو

брова

پۆر

волосся

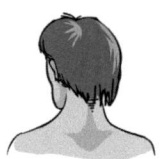

هووسټوو

шия

نەخۆشخانە

лікарня

نەخۆشخانە
лікарня
ئەرەبا نەخۆشان
машина швидкої допомоги
ئەرەبۆکا کووڵەکان
інвалідний візок
شکەستە
перелом

بژیشک

лікар

ئۆدا لەزگینێ

відділення швидкої медичної допомоги

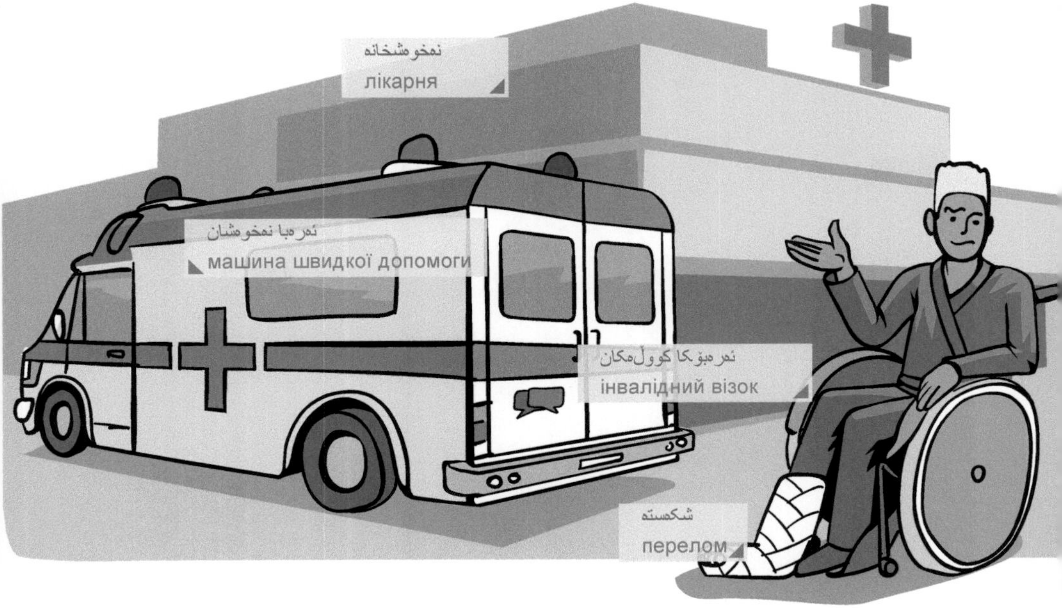

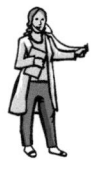

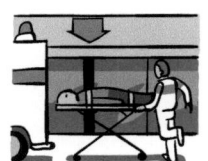

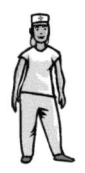

نەخۆشیار

медсестра

ئاجیلییەت

аварійний випадок

بێهای

непритомний

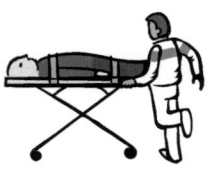

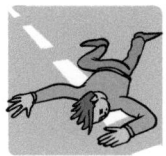

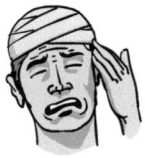

ئێش

біль

برين

травма

خوێنڕژان

кровотеча

هەوڕەشا دلی

інфаркт

جەڵتە

інсульт

نالەرژی

алергія

کۆخک

кашель

تا

лихоманка

زكام

грип

ناڤچووين

пронос

سەرێش

головна біль

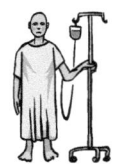

قانسێر

рак

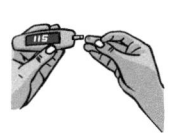

نەخۆشیا شەکری

діабет

نەشتەرگەر

хірург

سكالپێڵ

скальпель

نەشتەرگەری

операція

جت

КТ

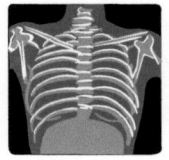

سوورەتى رۆنتگەن

рентген

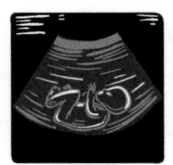

نوولتراساوەند

ультразвук

ماسكى رووبن

маска

نەخوشى

хвороба

نودا سمکنینى

зал очікування

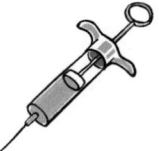

گوچان

милиця

شەل

пластир

پاچى برينىچانى

пов'язка

دەرزى

ін'єкція

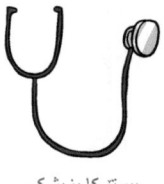

بيستوکا پزيشکى

стетоскоп

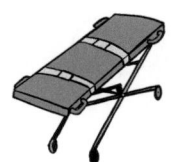

داربەست

ноші

تەهنىيەا كلينيكى

термометр

زايين

народження

قەلمو

надмірна вага

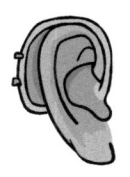

نالیکاریا بهیستنی

слуховий апарат

باکتەریکوژ

дезінфікуючий засіб

کۆتیبوون

інфекція

ڤیرووس

вірус

هڤ / نادس

ВІЛ / СНІД

دەرمان

медицина

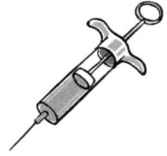

کوتان

вакцинація

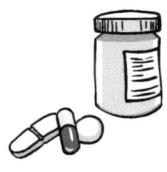

هدبان

таблетки

هەب

протизаплідна пігулка

لەزگین

екстрений виклик

دیمەندەری پەستۆ خوین

тонометр

نەخوەش / ساخ

хворий / здоровий

هاوار!

Допоможіть!

ئالارم

сигнал тривоги

بۇلىش

напад

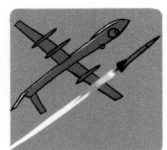

بۇلىشكۇرن

атака

كاووت

небезпека

جايلان ئاتتەكمەرد

аварійний вихід

ئارگ!

Вогонь!

ئاندرامقە رگان

вогнегасник

قەزا

аварія

مەكمى يارىكايلان نىتىلان

аптечка

سۇس

СОС

پۇلىس

поліція

ئېورووپا

Європа

نامەريكايا باكوور

Північна Америка

نامەريكايا باشوور

Південна Америка

ئافريكا

Африка

ئاسيا

Азія

ئاۋوسترالىيا

Австралія

ئاتلانتىك

Атлантика

ئۆكيانووسا مەزن

Тихий океан

ئۆكيانووسا ھەندى

Індійський океан

ئۆكيانووسا ئانتاركتىكا

Антарктичний океан

ئۆكيانووسا ناركتىك

Північний Льодовитий
океан

جەمسەرا باكوور

Північний полюс

جمهسمهرا باشوور
....
Південний полюс

نانتاركتيكا
....
Антарктика

نٔەرد
....
Земля

ناخ
....
суша

بهر
....
море

دوورگە
....
острів

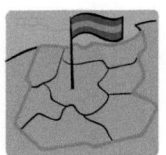

مڵلەت
....
нація

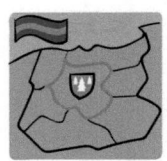

وملات
....
держава

ساهت ييرور

....

циферблат

نشاندهرکا دمزموتر

....

годинникова стрілка

نشاندهرکا دقه

....

хвилинна стрілка

نشاندهرکا سانيه

....

секундна стрілка

سوت چمنده؟

....

Котра година?

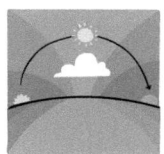

روژ

....

день

دم

....

час

نها

....

зараз

ساهتئ دجيتال

....

цифровий годинник

دقه

....

хвилина

سوت

....

година

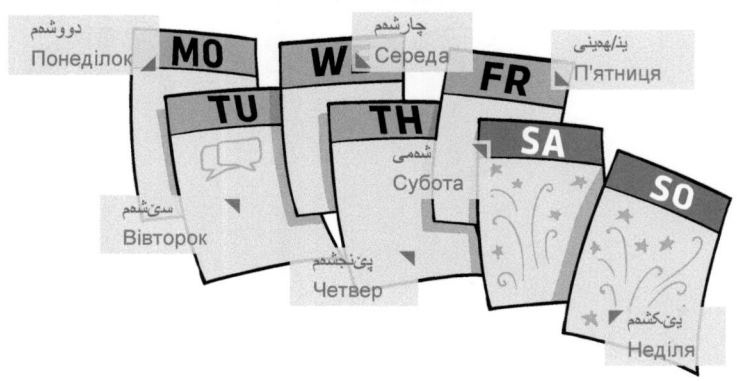

دووشەم
Понеділок

چوارشەم
Середа

یەک/ھەینی
П'ятниця

سێشەم
Вівторок

شەمە
Субота

پێنجشەم
Четвер

یەک‌شەم
Неділя

دوه
....
вчора

ئیرو
....
сьогодні

سبهی
....
завтра

سبه
....
ранок

نیڤرو
....
опівдні

نێ‌قار
....
вечір

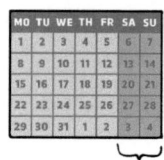

رۆژێن کاری
....
робочі дні

داویا هەفتە
....
кінець робочого тижня

باران
дощ

كەسكەسۆر
веселка

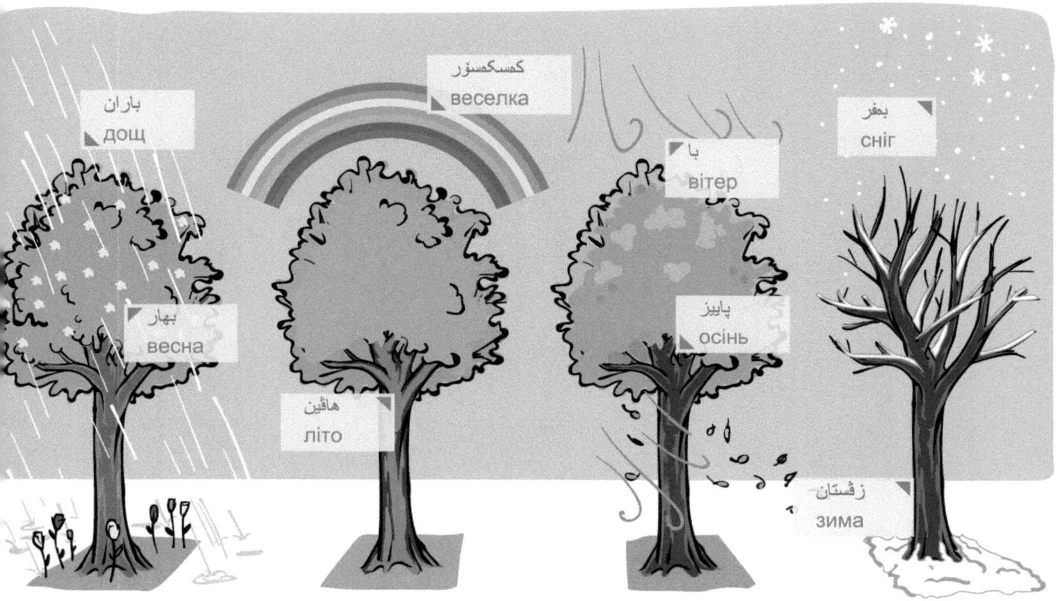

با
вітер

بەفر
сніг

بەھار
весна

هاڤین
літо

پاییز
осінь

زڤستان
зима

پێشبینیا هموا
прогноз погоди

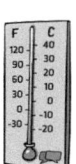

تەهنپێڤ
термометр

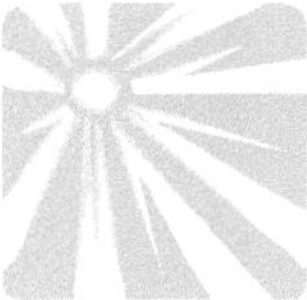

تاڤ
сонячне світло

هەور
хмара

مژ
туман

هەیمی
вологість повітря

برق

блискавка

برووسک

грім

توٓفان

шторм

تەرگ

град

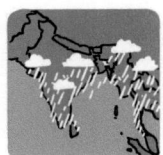

مانسوون

мусон

لھی

повінь

جمممد

лід

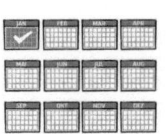

رێبمندان

Січень

رمشممه

Лютий

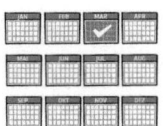

نورۆز

Березень

گولان

Квітень

جۆزمردان

Травень

پووشپەر

Червень

گەلاوێژ

Липень

خەرمانان

Серпень

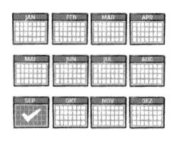

رەزبەر
....
Вересень

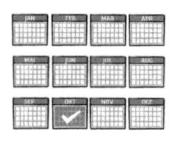

کەموچێر
....
Жовтень

سەرماوەز
....
Листопад

بەفرانبار
....
Грудень

چەمبەر
....
круг

چارچک
....
квадрат

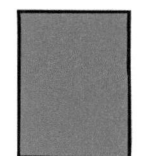

چارقۆزی
....
прямокутник

سێقۆزی
....
трикутник

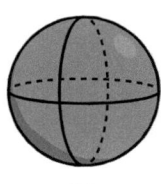

قادا
....
куля

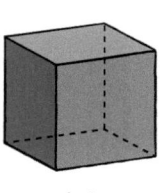

خشتەمک
....
куб

سپی

білий

زەر

жовтий

پرتەقالی

помаранчевий

پەمبە

рожевий

سۆر

червоний

مۆر

фіолетовий

شین

синій

کەسک

зелений

قەهوەیی

коричневий

گەور

сірий

رەش

чорний

زۆر / کەم

багато / мало

ب هێرس / بێدەنگ

лютий / мирний

بەدەو / نەرەند

гарний / бридкий

دەستپێک / داوی

початок / кінець

مەزن / بچووک

великий / малий

رۆنی / تاری

світлий / темний

براک / خوشک

брат / сестра

پاک / گڵێڕ

чистий / брудний

تەواو / نەتەمامام

завершений /
незавершений

رۆژ / شەڤ

день / ніч

مری / زندی

мертвий / живий

فرە / تەنگ

широкий / вузький

خوشمزه / بدمزه

їстівний / неїстівний

ناراض / خوش

злий / дружній

بې هیجان / جذاب

збуджений / нудьгуючий

زراف / فربه

товстий / тонкий

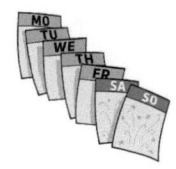

داویم / یمکمین

спочатку / востаннє

دژمن / ملګری

друг / ворог

ماله / ډکه

повний / порожній

نرم / کلک

жорсткий / м'який

سپک / درون

важкий / легкий

تینه / بروسی

голод / спрага

ساخ / ناروغ

хворий / здоровий

قانونی / ناقانونی

незаконний / законний

بالوله / هوشمندانه

розумний / дурний

راست / چپ

вліво / вправо

دوور / نژدی

поруч / далеко

نوو / بکارهاتی

новий / використаний

هیچ / تشتمک

нічого / щось

کال / جوان

старий / молодий

ژ / ل

вкл / викл

فمکری / گرتی

відкрито / закрито

نارام / دمنگبلندند

тихо / гучно

دەولەمەند / رەبەن

багатий / бідний

راست / شاش

правильно / неправильно

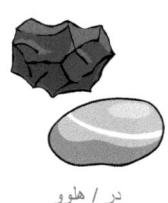

در / هلوو

шорсткий / гладкий

خەمگین / شا

сумний / щасливий

کورت / دریژ

короткий / довгий

هێدی / زوو

повільно / швидко

شل / زوا

вологий / сухий

گەرم / هۆنک

гарячий / холодний

شەڕ / ئاشتی

війна / мир

0

سفر

нуль

1

یهک

один

2

دوو

два

3

سێ

три

4

چار

чотири

5

پێنج

п'ять

6

شەش

шість

7

هەفت

сім

8

هەشت

вісім

9

نۆ

дев'ять

10

دە

десять

11

یازده

одинадцять

12
دازده
دوانادتسیات

13
سیزده
тринадцять

14
چارده
чотирнадцять

15
پازده
п'ятнадцять

16
شازده
шістнадцять

17
هەڤدە
сімнадцять

18
هەژدە
вісімнадцять

19
نۆزدمە
дев'ятнадцять

20
بیست
двадцять

100
سەد
сто

1.000
هەزار
тисяча

1.000.000
ملیۆن
мільйон

نینگلیزی

англійська

ننگلیزی یا ئامېریکی

американська англійська

چینی ماندارین

китайська
високочиновницька

هیڭندی

хінді

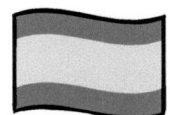

ئیسپانیۆلی

іспанська

فرهنسی

французька

ئەرەبی

арабська

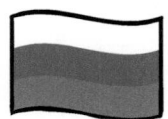

رووسی

російська

پۆرتوگالی

португальська

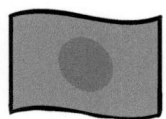

بەنگالی

бенгальська

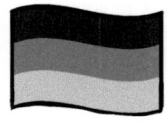

ئەلمانی

німецька

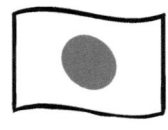

ژاپۆنی

японська

من

я

تو

ти

ئەو / ئەڤ / ئەو

він / вона / воно

ئەمە

ми

تو

ви

ئەو

вони

کی؟

хто?

چ؟

що?

چاوا؟

як?

کیدەرئ؟

де?

کەنگی؟

коли?

ناڤ

ім'я

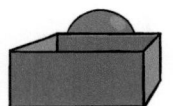

پَشتی
....
ззаду

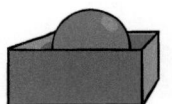

....
в

پېْشى
....
перед

سمر
....
над

سمر
....
на

بن
....
під

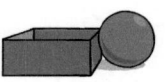

کئ‌لمک
....
біля

ناقبهر
....
між

جه
....
місце